Thanks a lot
for all you love
xxx Catherine

Mother's house

4937 Circle
Montreal, Québec
H3W 1Z8   (514) 482-3483

Father's house
893 av. Stuart, Outremont
Montreal, Québec
H2V 3H7   (514)   274-1564

            (Vamos)

QUÉBEC

La Belle Province

CLB 2283
This 1989 edition published by Bramley Books.
© 1989 Colour Library Books Ltd., Godalming, Surrey, England.
© 1989 Illustrations: Miller Comstock, Inc., Toronto, Ontario, Canada
    and Colour Library Books Ltd., Godalming, Surrey, England.
Colour separations by Hong Kong Graphic Arts Ltd., Hong Kong.
Printed by Leefung-Asco Printers Ltd., Hong Kong.
All rights reserved.
ISBN 0 86283 683 2

QUÉBEC

La Belle Province

BRAMLEY BOOKS

I believe that Quebec is the most unique and exciting place in the world, but don't just take my word for it – ask any Québécois or Québécoise. We'd be pleased to tell you how we play, work and laugh harder than any other people due to our genuine sense of joy in what Quebec has become.

In a land that is more than twice the size of Texas, and three times the area of France, we have managed to carve for ourselves a magnificent place on the razor's edge of the modern world, while still preserving that rich European-style culture which remains such an important part of our everyday lives. That's not bad for just six-and-a-half million people. We're proud of what we have, and we love to share that experience with the visitors who are now coming in ever greater numbers to enjoy all the pleasures of "la belle province". There's always something happening in Quebec – usually something new and different, but always something Québécois.

In many ways the people of Quebec still reflect their early seventeenth-century beginnings. Quebec is where it all began in the northern part of North America. A few early explorers, looking for a shorter route to the East, sailed up the St. Lawrence River and laid claim to most of this unknown continent in the name of France. In fact Jacques Cartier, the first one to arrive in the Montreal region in 1535, was so convinced he'd reached the Orient that he named the area China, and, as one of those ironies of history, it's still "Lachine" today. Even worse for poor Cartier, he returned to France loaded down with worthless iron pyrites, presenting them to the king as "diamonds from the New World". The king was not amused, and the development of Quebec had to wait for almost a century.

By 1608, however, the kings of France were beginning to send out settlers to "la Nouvelle France", New France. In the final analysis, they sent a total of only 8,000 people during the 150-year period that the colony remained under French control. By comparison, Québécois number 6,000,000 today, not counting 5,000,000 or so descendants who have migrated to various parts of the United States, which is quite an extraordinary growth!

It didn't take long for the settlers to realize that they weren't living in Europe any more. Indeed, the transition must have been quite shocking in those early years and from the very outset, the conditions began to mould a new breed of person. These people changed indelibly as they adapted to their new home: their lifestyle, their language and their customs all began to take on a distinctly North American flavour. They were becoming French Canadian even then.

Fortunately for these newcomers, they were able to borrow a great deal from the natives, who taught them how to thrive in the North American wilderness. They came to love it. City-bred soldiers and laborers soon evolved into a rugged, independent people who kept what they could from their European heritage, while accepting the realities of their new land. In many ways we're still doing this today.

Yet we probably wouldn't be here at all if it hadn't been for that most vital of lifelines to the outside world, the St. Lawrence River. The explorers, the settlers and the fur traders all owed their ultimate success to the St. Lawrence and its intricate system of tributaries. From the earliest days it was their surest source of food, and the only dependable roadway. In fact, most land divisions in farming communities still reflect the early stipulation that all farms be allotted river frontage. You can see it plainly from the air as the long, thin strips of land seem to defy the compass in order to line up with the water's edge. Even today anyone arriving by boat can get that same sense of community which existed then, that "one big village of farmhouses" which lined both sides of the river for several hundred miles, and which had become a hallmark of the colony as early as the mid-1700s.

The river itself stretches into the very heartland of Quebec, well over 1,000 miles from the sea. Indeed, just east of Quebec City, a full 750 miles from the Atlantic, the river is still saline and swells daily with twenty-foot tides! They say that a drop of water from the St. Lawrence system runs through the veins of every Québécois. Maybe it's true. We still need to be near water today. If we're away from it for too long, we begin to get uncomfortable, and have to seek it out.

Most of all, though, being Québécois means enjoying the four seasons to the full. This has become a vital part of our lifestyle and part of our "joie de vivre". Over the years we have found the formula to live each season as it comes, and as Québécois we need to savour them. We say in Quebec that there is no such thing as poor weather, only the wrong clothes.

I happen to be one of those who enjoy winter most of all. My fondest childhood memories are centred on snow. I recall building snow forts in anticipation of a snowball war, and skating on an outdoor rink on a chilly evening with the ice crackling as I held onto the waist of a special girl and tried to skate in time to the music, careful to avoid the embarrassment of falling down or – even worse – crashing into somebody else. Winter also meant getting out after the latest snowfall, determined to roll the biggest snowman on the block, and not realizing until I was much older that my mother always made sure to save an old hat and a scarf to dress him. We had to keep him warm.

Winter brings out the best in the Québécois. We don't hibernate – we use it. Every respectable household has a set of cross-country skis for each member of the family. In fact there are many who are convinced that weekends were specifically devised for friends and relatives to get together and travel some of the thousands of miles of spectacular ski trails that have been prepared for them throughout the province. To do this is pure exhilaration. At least once a season you may have an experience you wish to relive for weeks, such as skiing around a tight bend on a crisp, sunny day – there's new snow on the trees, everything is silent – and then suddenly right there in front of you is a deer, or a porcupine, or a family of raccoons. It's inspirational – certainly something to share later over a cognac.

For many Québécois winter also means downhill skiing. On holidays and weekends roads begin to congest early in the morning as thousands of city-folk make their way to the province's many picturesque slopes. Others bring skidoos, cutting their own trails through forests and fields that usually only receive summer visitors.

Yet without a doubt ice hockey remains the most popular winter sport in Quebec. It is the great leveller in Quebec society. Whether you're playing or watching, you come to the game without any symbols of class, any pretentions, any politics. You come because you love it. Québécois children are first put on skates at five or six years old and are taught to hold onto a chair as they push it around the ice until they can finally skate on their own. It's like learning how to walk all over again, but it's wonderful once you've learned, and you never forget it. It stays with you for life.

And when you aren't playing hockey, you can watch this, one of the most amazing spectator sports ever devised. Several matches a week are shown live on television, but you really have to go to the Montreal Forum or the Québec Colisée to understand what hockey is all about – the speed, the intensity, the "oos" and "aahs" after a good pass or a solid check, and the fierce rivalry which exists between teams, especially when the Montréal Canadiens play the Québec Nordiques. Those tickets are sold out the day they go on sale and are worth a king's ransom. All this for the opportunity to see great hockey, to cheer for your team, "boo" the opposition, and scream at the referees – just for being referees. Everyone goes home hoarse, but smiling – regardless of the final outcome. It's addictive. More than once I've made a transatlantic telephone call to learn who won a crucial game!

Winter also affects what happens in the home. As the days get colder and shorter, we lay in a reasonable supply of liquid body warmers in anticipation of those long winter evenings spent with old friends, eating good food and sipping fine wine. There is always a great deal of soul-lifting talk, but at least as much time spent laughing too. There's something comforting about spending an evening with friends as the wind howls outside and the snow blows onto the windows like needles. There's an atmosphere of understanding and togetherness that is difficult to explain.

And just as winter begins to feel just a little too long, after twelve or fourteen feet of snow has fallen, we finally get that first really warm day hinting that spring is just around the corner. The internal clocks of all living things are triggered, ready for the explosion of nature which lies ahead. Now a billion buds are impatient to become summer leaves, tulips are pushing through the last layer of winter snow, and birds are preparing their nests, as Canada geese return to their northern breeding grounds, impressive in their spectacular "V" formations as they fly overhead.

It is wonderful to feel those first warm rays of sun on cheeks that have become chapped by winter winds. The sun comes as a tonic, and heralds a time of refreshing renewal. For the Québécois it is also a kind of liberation. We can shed a few layers of our winter clothing, packing them away in the cedar closet until the cycle comes full circle. Boots are always the last to go. They have to be kept for the other side of spring – the last marathon shovelling session, the water run-off, the slush in the streets as the ice melts. But it's a small price to pay for the coming heat.

The entire province changes gear with the arrival of spring. For thousands of farmers in Quebec, spring means preparing their machinery for summer planting. The St. Lawrence Seaway is once again open for ships, and students, though distracted by the activities of the season, begin to study for final exams in anticipation of the long-awaited summer holidays. For all of us, spring means maple syrup. This is the season when we can meet at the sugar shacks to be found throughout the province. We have "sugaring-off parties", great social events, and in the process we get our annual "transfusion" of God's most precious nectar.

For some, spring means the beginning of the baseball season, that wonderfully civilized sport that goes on until October. We love baseball in Quebec. It is revealing that the Montreal Expos have among the highest attendance records in the league, in spite of the fact that almost all the games are carried live on both radio and television.

That's the odd thing about baseball. In many ways, it captures the very essence of Quebec. It's an American sport, of course, but one that's been adopted so wholeheartedly by the Québécois that you might well think that it had been invented by us. And in a very unexpected way, we did make a lasting contribution to the sport. In a conscious effort to strengthen Quebec's cultural identity, the appropriate government-sponsored bodies devised an entire technical French vocabulary for baseball. Not surprisingly, the Québécois have learned the lexicon and pride themselves on using the French-language terms correctly. Adaptation at its best means integration, rather than assimilation. That's the Quebec of today.

Maybe baseball is so popular in Quebec because it gives us the chance to sit outside in the summer sun. In fact, to be entirely honest, the Québécois are somewhat obsessed with the sun. We love our winters, to be sure, but we are also the world's champion sun-seekers. At the first hint of summer off come the clothes as we lie prostrate and unmoving, the maximum amount of skin exposed to any sunshine which may choose to bless us from above. And when we can't get enough sun at home, there's a steady stream of

Québécois on the roads going south, anxious to try the beaches of New England, the Carolinas, Florida and even Mexico.

Yet we are always near water. Even in Quebec we gravitate toward the lakes and rivers of the province, and tend to focus much of our summer activity on fishing and water sports. Ski chalets are suddenly transformed into summer cottages and, after a rigorous game of tennis or eighteen holes of golf, we try to end the day with a cooling swim or an hour or two of wind-surfing. The roads are full once again, but the roof racks are now carrying wind-surf boards and small sailboats instead of winter skis. There are the same people on the same routes, but they're now savouring the summer.

Summer is also a time for celebrating the great outdoors. We strip to the bare necessities and spend as much time outside with friends and family as we can, indulging in that great North American tradition, the barbecue, while sipping beer, tanning, and all the time defying winter to come back too soon.

As Québécois we need to be with others, to talk, to listen – and to tease. We've found the ideal formula to make this happen – the festival. This is a sort of gathering of the clans. We have hundreds of festivals during the summer celebrating everything from jazz, blueberries, humour and pigs, to camping, apples, folk music and theatre. Some of these festivals have achieved an international reputation. All are delightful, enabling the Québécois to satisfy their wish to eat, dance, talk and drink together. Before long, and usually too quickly for the sun-worshippers, there is a hint of cold in the air. Each day becomes a little shorter. The fireplaces and woodstoves have to be lit earlier in the evening, and weekends are spent stacking firewood closer to the back door. All the jobs which have been avoided so skillfully throughout the summer months must now be taken on. The rites of autumn begin: windows are caulked, those extra rolls of roof insulation are put into place, the eavestrough emptied of branches and leaves, and the hedges tied with protective snowfencing in anticipation of powerful storms. Winter is coming.

Yet autumn is also a time of exhilaration. Nobody has to organize a festival of colour in Quebec – that has already been done by nature. In September and October, the greens, yellows, oranges, reds and browns of the changing leaves dominate the whole province. Artists come to Quebec from around the world to paint, to be inspired, to thrill in disbelief as the forests seem to be lit by brilliantly-coloured spotlights. Once again the roads fill with traffic, but this time with "peepers". Among them are regular tourists who make their annual autumn trip to Quebec. Others come from abroad on organized "colour tours". Most of them are the Québécois and Québécoises who are drawn to the country roads each year in a sort of cleansing pilgrimage before the coming of the snow – a final look at the green-brown fields which will soon be covered until the spring.

For most Québécois winter is more than simply outdoor sports and vintage wines. Like the rest of the country, we have to work, study, raise our families, and create. In Quebec most of this happens in the city. I'm a Montrealer myself, "un Montréalais", and still have a special place in my heart for that great island city.

By any standard, Montreal is cosmopolitan. Almost half the population of the province lives there now, a whopping three million people, and fully one-third of those are from one of the many ethnic groups which combine to make Montreal such a stimulating place to live. The English, Scots, Italians, Greeks, Turks, Haitains and Vietnamese – to name but a few – have added to the cultural fabric of Quebec. They have contributed a great deal to our overall growth and, more importantly, to raising our level of maturity and awareness as a people. They have brought with them their ideas, their traditions – and their foods. Montreal has over 3,000 restaurants, many of them designed to introduce the uneducated palate to the addictive pleasures of "ethnic food". In fact there are entire streets in Montreal with nothing but restaurants, both ethnic and traditional, where customers are encouraged to come with their favourite wines from home. A real delight that makes for a very inexpensive evening.

I miss Montreal when I'm away for too long. I need my regular dose of "total immersion", a few days of bathing in a pleasant mixture of different languages and cultures. Where else can you celebrate St. John the Baptist Day (Quebec's patron saint), St. Andrew's Day and Canada Day with equal fervour, and with all the same people? Indeed, Montrealers especially look forward to St. Patrick's Day in March, when the beer sold in most of the brasseries is dyed green in honour of the Irish. Green beer and *tourtière* – why not?

Montreal is also the meeting place of the two great historic languages of North America, English and French. There are few other cities in the world where you can hear conversations in both these languages simultaneously! I always get a kick out of the number of people who switch constantly between English and French, and who feel just as comfortable in either. As a youngster, with an Anglophone mother and Francophone father, I never realized what that really meant. I had to leave Montreal to appreciate it. But I marvel today when, sitting on a bus or the Metro, I hear people switch several times within the same conversation, or follow an exchange in which each continues to speak in his or her own mother tongue. There is something totally unique about that, something "Montréalais".

But for all of Quebec, and much of northeastern North America, Montreal means serious shopping. There's the Rue St. Catherine, with its multi-storey department stores, its hundreds of boutiques catering to one of the most fashion-conscious people in the world, its constant flow of window-shoppers and strollers. And underneath the Rue Ste. Catherine are nine miles of underground shopping plazas, most of them now interconnected, containing over 1,000 stores and boutiques – Quebec's way of coping with the rigours of winter in a modern world.

Early last century Montreal became the centre of North America's fur trade. It remains so today, but the city has also evolved into the fashion centre of Canada, the place where you can buy that long-sought article, or have something made that has that special Quebec flair.

As Montrealers we are very likely to hide the fact that we have developed a coveted uniqueness in other areas as well. In theatre, for example, Montreal has become the home of a number of innovative companies which have to their credit a long list of prestigious international awards. The same is true of the fields of dance and music. Who can forget Charles Dutoit and l'Orchestre Symphonique de Montréal, easily Canada's finest orchestra. Montreal has grown into one of the most supportive cities on the continent, largely because of its culturally-conscious population, long accustomed to having the best. This has earned it the reputation of being Canada's cultural capital and, even better, it all happens in one of the safest cities in the world.

None of this could occur, however, were it not for the city's very dynamic business, industrial and financial sectors, which are growing at an unparalleled rate. It sort of makes you strut a little. In fact, most non-Montrealers will tell you frankly that Montrealers strut quite a lot. While I hate to admit it, I guess there is a grain of truth in what they say. We sometimes feel that we're the only real city in Quebec and that all the others are just big villages!

Those are fighting words in the province, especially in Quebec City. Indeed, there has been a rivalry between the two cities which dates all the way back to the seventeenth century. In addition to being founded some thirty-four years before Montreal, Quebec City remained considerably larger until the end of the last century, and was not above reminding Montreal of its relative status in various ways – some subtle, and others less so. During the early days of the colony, just as Montreal was beginning to establish itself, Quebec frequently used its strategic position on the St. Lawrence River to Montreal's disadvantage. All ships coming from France, for example – even those arranged by Montrealers – had to pass Quebec City before sailing on to Montreal. Arriving at the end of a rough sea voyage of many weeks, often in vessels not much larger than a small fishing boat, captains and their crew put in first at Quebec City where they found warm beds and local brew. Unfortunately, indignant Montrealers lost a number of precious cargoes over the years which were bought by the merchants of Quebec City, and sometimes resold for an additional profit in Montreal.

Even more sensitive was the case of women. A number of ships were sent out by the King of France with prospective wives for the predominantly male settlers in the colony. A boon to be sure! However, historians have recently come across correspondence in which Montrealers plead with the French authorities to send the next scheduled bridal ship to Montreal first. The most attractive women, they explained, were claimed first in Quebec City or Trois-Rivières. By the time the ships arrived in Montreal ...! Indeed, for many years Quebec City was reputed to have the most beautiful women in the province. And while the women are indeed very striking in Quebec City, anybody who has ever eaten lunch at an outdoor café in downtown Montreal on a summer day will surely attest to the equality which now exists in that area.

The rivalry is usually more humorous than aggressive. They are both wonderful cities and, as a Montréalais who has been based in Quebec City for about ten years, I can attest to all the joys of living there. Quebec City is a truly superb place, and I have grown to enjoy it immensely.

The only walled city north of Mexico, it is far more spectacular than Montreal, and has a dignified charm about it that is quite unique. It has its own vigorous blend of restaurants, theatres and architecture which combine to make living in the province's capital an entirely seductive experience.

Most of all, though, Quebec City is the people. Perhaps this is because of the different traditions here, or because the population numbers only 500,000 – I'm still not sure why. I do know, however, that in general the people in Quebec City are a little more graceful, and the pace is just a bit slower than in Montreal. There is a unique sense of quiet dignity about the place. Montrealers are definitely more earthy, and their sense of humour a shade more bizarre by comparison.

These are rather daring sentiments for a Montreal native to admit publicly, especially one who lives in Quebec City, but who claims the need to return to Montreal for a regular booster. Had I been gone too long? Was I in need of a cultural transfusion? Was there something in the drinking water in Quebec City? It would have to be tested scientifically. I am an inveterate jogger, and I have a wide range of running shirts, including those of the arch rival Montréal Canadiens and Quebec Nordiques hockey teams. One day, when in Montreal for a business trip, I decided to throw fate to the wind and jog through the downtown streets wearing my Nordiques sweater. Drivers stopped their cars to yell. Truckers blared their horns. Women swore at me from store fronts, and a group of young teenage boys and girls made a number of totally unwholesome suggestions. A shattering experience, to be sure!

In order to be scientifically sound, I realized to my chagrin that I would have to proceed with the same experiment in reverse. I would have to wear my Canadiens sweater on a similar run through Quebec City's downtown area. Would Phase II progress to physical abuse? But true to form, the Quebec City drivers and passers-by merely shook their heads in horrified disgust. Much to my embarrassment the only vocal reaction was from a group of visiting Montreal businessmen who lowered their car windows and proceeded to clap and yell, unashamedly encouraging the locals to join in. My point had been made. And to my great surprise, I realized then that some of Quebec City had rubbed off on me.

But there is much more to Quebec than its two

biggest cities. Having lived all over the province, I never cease to be amazed at the uniqueness which characterizes each of the various regions. We lived for a year about 1,000 miles northeast of Montreal in a place called Schefferville – no roads for 400 miles – and loved the stark and rugged beauty, the total silence that cannot be found in the cities. We have also lived in the Laurentians – who could possibly dislike living in a postcard that changes every few days? – while, after four years in the Eastern Townships, I feel quite certain that we are destined to retire there.

I've also had the opportunity to travel extensively throughout Quebec and have been able to discover something new and typically Québécois each time. I remember the fjord-like terrain of the Charlevoix, the spectacular sights of the Gaspe, the Beauce region with that special local accent that makes you want to come back soon, and the Saguenay-Lac St. Jean area which is almost a world unto itself – the scenery designed for a film set, the people exuding that special charm. They are known by the Québécois as the "baluets", the blueberry people, because of the way they used to pronounce the word "bluet". The berry is found up there in great abundance, and used by the locals to make a delicious drink that, if you are not careful, knocks your socks off!

I guess I have a kind of love affair with this province of mine, and I still haven't seen it all. Before too long, I want to uncover the secrets of the upper reaches of Quebec's North Shore, where one can still get a sense of what it was like in those first days of the colony. I also want to go back to the James Bay region, where the province is completing a series of hydroelectric dams that will ensure both our economic survival and a non-nuclear environment for decades to come. In fact, when the project is finally completed, the total water and land area in the region falling under the jurisdiction of Hydro-Quebec will be equivalent to the size of England! Quite impressive – and all built by the Québécois. That's not a bad achievement for six-and-a-half million people, is it?

The James Bay project has become a symbol for most Québécois; a concrete sign that we will make it into the twenty-first century. Twenty-five years ago we set ourselves a major challenge, one taken up by few other peoples throughout history. Here we were, six million souls or so, living on a continent surrounded by 275 million English-speaking people. For two centuries we had held on proudly and tenaciously to our language, culture and heritage. Indeed, the province's motto, "Je me souviens" ("I remember"), sums up very well that complex process which requires that we remember our past when planning the future.

However, by the late 1950s, we realized that if we really wanted our culture to survive we had to become a functional part of the twentieth century. We had to show the world that we no longer wished to live a marginal nineteenth-century existence. We had to become a determining element of Quebec's economy, we had to modernize the province, and we had to train our children for this new society in a totally revitalized school system. The Quiet Revolution of the 1960s had begun! In a dizzying process that captured the hearts and minds of the entire population, we gave ourselves the tools to catch up with the rest of the world, and transformed our entire society in just a few short years.

We also set ourselves new goals. We wanted to maintain our distinct cultural existence, to live in French, and still be an integral part of Canada and of North America. We rejected the idea of permanently living a museum existence, wearing our "ceintures flèchees", playing our fiddles and dancing our jigs. Well, on weekends maybe, but on weekdays we had to develop our aeronautics industry, our transportation sector, our space technology, our research facilities, our Stock Exchange – our James Bay projects.

I lived this period. This was Quebec's 1960s experience. Every nation lived that decade in its own unique way – we rebuilt our society. It's difficult to capture on paper the profound depth of those changes. Even our language changed. The French we use now is definitely not the archaic anglicized French that I learned as a child just after World War II. We were told by the fathers and mothers of the new Quebec that, if we really wished to live in the twentieth century, our language would have to evolve also. So we proceeded to learn a new language, a little awkwardly and self-consciously at first, but learn it we did. It was all part of the most exciting time of my life.

The French we speak today is still distinctly Québécois, and reflects both the world and the lifestyle we've chosen for ourselves. Some of our words are different from those spoken in France – mainly those we have borrowed from the Amerindians and the English, or the vocabulary we have had to invent ourselves, such as for baseball. However, we usually understand our French cousins perfectly well, just as we converse easily with our partners in the forty other Francophone nations of the world. It is more a question of accent and rhythm than of vocabulary, and can be compared to the differences that exist between North American English and that which is spoken in England, Scotland or Australia. Like everything else, we even speak with a special Québécois flavour.

As Québécois and Québécoises, we have everything going for us. We have one of the most beautiful places on earth in which to live, and we own resources that are the envy of the world. Most importantly, though, we have been able to prove to both ourselves and to the world that we have the total commitment that it takes to ensure that we will not merely survive as a people, but grow. The Québécois are quite lucky really – we've been able to live a dream.

Nommez-moi un petit pays à l'intérieur d'un grand pays et qui est unique au monde? Je suis convaincu que les québécois et les québécoises vous répondront sans hésiter, c'est mon pays: LE QUEBEC!

Ce peuple fier de sa langue est reconnu pour son ardeur au travail et sa joie de vivre. Sa jeunesse est l'orgueil de sa race. Elle occupe une place importante sur la scène nationale et internationale dans le domaine des arts, des lettres, des sciences et des affaires.

Le Québec est un vaste territoire de trois fois la superficie de la France, sa mère patrie, et de deux fois celle du Texas. C'est un coin de pays où il fait bon y vivre. La riche culture européenne fait toujours partie de la vie quotidienne de ses habitants.

Pour un peuple de six millions et demi d'habitants, nous sommes fiers de notre réussite. Ce que nous possédons, c'est avec joie que nous le partageons avec les visiteurs de plus en plus nombreux du monde entier. Dans "LA BELLE PROVINCE", tout est en effervescense. Il s'y passe constamment quelque chose de nouveau, de québécois.

Nos origines remontent au début du 17ième siècle. Notre passé est toujours présent. C'est au Québec que naquit la partie nord de l'Amérique du Nord. Quelques explorateurs courageux, à la recherche d'un raccourci vers l'est, naviguèrent le majestueux fleuve Saint-Laurent et s'emparèrent du Continent au nom du roi de France de l'époque François 1er le 24 juillet 1534 à Gaspé.

Jacques Cartier, le célèbre navigateur français, fut le premier à remonter le fleuve Saint-Laurent en 1535. Il était tellement convaincu d'avoir découvert l'Orient qu'il nomma ce coin de pays "CHINE ". Ironie de l'histoire, une agglomération s'appelle encore aujourd'hui Lachine. Qui plus est, le pauvre Cartier donna au roi, un vulgaire minerai de fer et le lui présenta comme étant "LES DIAMANTS DU NOUVEAU MONDE ". Le roi n'en fut guère impressionné et le développement du Québec fut ainsi retardé de près d'un siècle.

Toutefois, à compter de 1608, les rois de France envoyèrent des colons en Nouvelle-France. Une étude finale démontra que seulement 8000 colons y furent envoyés au cours des cent cinquante années que dura le règne du régime français. Notre population atteint maintenant six millions et demi d'habitants sans compter les cinq millions qui se sont exilés aux Etats-Unis. Toute une performance n'est-ce pas?

Nous n'avons pas pris longtemps à réaliser que nous ne vivions plus en France. Ce changement de pays fut très difficile. Dès ses débuts, le colonie forma une nouvelle race. Acclimatés rapidement à notre nouveau pays, notre façon de vivre, notre langue et nos habitudes prirent un style tout à fait nord-américain. Nous étions déjà des canadiens-français. Heureusement, nous avons su nous inspirer des indigènes qui habitaient ce pays depuis des siècles afin de survivre dans ce continent encore sauvage.

Nous aimions déjà ce coin de pays tout nouveau pour nous. Les cultivateurs et les militaires citadins formèrent rapidement un peuple fier, fort et indépendant. N'en déplaise à la mère patrie, le legs européen fut conservé selon les besoins du moment. Rien n'a changé depuis. Même en 1989, c'est toujours une question de survie. Notre identité québécoise, nous la devons a nos ancetres et aux gens d'aujourd'hui.

Sans le fleuve Saint-Laurent et son complexe réseau d'affluents cordon indispensable nous reliant au reste du monde, nous n'aurions pu survivre. La réussite des colons, des explorateurs et des marchands de fourrure de cette époque de notre histoire est imputable à ce vaste réseau fluvial. Dès le début, il fut notre fournisseur de denrées le plus fiable et notre unique moyen de transport. En effet, la division des terres agricoles d'alors réflète encore l'obligation d'avoir une bordure riveraine. Du haut des airs, il est encore possible de distinguer ces longs rubans de terre se dirigeant vers l'eau et défiant toute règle d'orientation afin de répondre à cette exigence.

De nos jours quiconque naviguant le fleuve et ses nombreux affluents, peut encore ressentir cet esprit communautaire qui se dégage des villages agricoles sur des centaines de kilomètres. C'était le symbole de la colonie dès le début du 17ième siècle.

Le Saint-Laurent pénètre jusqu'au coeur du Québec à plus de 1800 kilomètres de la mer. A quelques kilomètres à l'est de la ville de Québec et à 1200 kilomètres de l'océan Atlantique, l'eau douce fait place à l'eau de mer. Les marées quotidiennes peuvent atteindre 6 mètres.

La rumeur circule toujours qu'une goutte d'eau du fleuve coule dans les veines de tout Québécois. Et pourquoi pas? N'aimons-nous pas nous évader durant les fins de semaine au cours de la saison estivale dans le nord, expression toute québécoise (i.e. à l'extérieur des villes), à proximité d'un lac ou d'une rivière? C'est le temps et l'endroit idéal pour s'adonner à la pratique de ses sports d'été préférés. Pour tout citadin du Québec, c'est le médicament idéal.

Etre Québécois, c'est avoir la chance et le bonheur de vivre dans un pays où le climat change à chaque saison. C'est une partie essentielle de notre façon de vivre, de notre caractère et d'être joyeux. Au fil du temps, nous avons réussi à dompter les saisons. En tant que Québécois, nous sentons le besoin de les défier, de les apprécier, de les savourer. Le mauvais temps au Québec n'existe pas, seulement de mauvais vêtements.

J'adore la saison hivernale du Québec! Les plus tendres souvenirs de mon enfance, c'est à cet hiver tout blanc que je les dois. La construction d'un fort en prévision d'une guerre amicale de balles de neige mêlée de cris et de surprises, les soirées de patinage à l'extérieur lorsque la glace crisse au froid tout en tentant de suivre le rythme de la musique se retenant tendrement à la taille de son amie de coeur favorite prenant garde de conserver l'équilibre afin de ne pas entrer en collision avec d'autres patineurs. L'hiver, c'est aussi la joie de se précipiter à l'extérieur avant même la fin de la tempête pour y construire le plus gros bonhomme de neige du voisinage. Qu'il m'en a fallu du temps pour comprendre la raison pour laquelle maman conservait toujours un vieux foulard, un vieux chapeau et une paire de gants. C'était pour habiller mon bonhomme de neige. Elle espérait peut-être qu'il n'aurait pas froid?

L'hiver démontre hors de tout soupçon la très grande capacité d'adaptation de tout Québécois. Gilles Vigneault, notre célèbre auteur, compositeur et interprète acclamé de par le monde entier, nous le résume très bien dans sa chanson "Mon pays ce n'est pas un pays, c'est l'hiver". Nous n'hibernons pas, nous profitons au maximum de l'hiver. Dans tout foyer qui se respecte, nous retrouvons une paire de skis de randonnée pour chaque membre de la famille. En réalité, plusieurs croient que les fins de semaine ont été inventées pour permettre aux parents et amis de se retrouver afin de parcourir quelques-uns des milliers de kilomètres de pistes accessibles, splendides et savamment entretenues de par toute la province de Québec.

C'est l'euphorie! Cette expérience, il faut la vivre et les souvenirs que vous vous rappellerez demeureront à jamais dans votre mémoire. Souvenirs de virages abrupts négociés à toute vitesse les jours ensoleillés de grand froid, de ce calme silence, de cette neige fraîchement tombée faisant courber les branches des arbres sous son poids, de cette rencontre imprévue avec un chevreuil, un lièvre, un porc-épic, un orignal ou d'un raton laveur. C'est une expérience unique dont il fait bon se souvenir au coin du feu.

Pour d'autres, l'hiver c'est le ski alpin. Dès l'aube, les week-ends et jours de congé, les routes sont envahies de milliers d'automobilistes. Ils fuient la ville en direction de l'une des nombreuses stations de ski de la province. D'autres préfèrent la motoneige et tracent leurs propres sentiers à travers champs et forêts normalement parcourus qu'en été.

Sans hésitation aucune, le hockey est le sport d'hiver le plus populaire du Québec. Pour certains, une religion et ils sont nombreux. Pour d'autres, une passion. Que l'on soit entraîneur, joueur ou spectateur et même profane, les classes sociales, les prétentions et les idéologies politiques disparaissent sur le champ. Tous sont sur le même pied et partagent une passion commune: le hockey. Vers l'âge de quatre ans, les Québécois apprennent à patiner sur cette surface glacée qu'est la patinoire à l'aide d'un bras, d'une chaise comme point d'appui. D'autres le font sans aucune aide. Le résultat est parfois douleureux. C'est comme apprendre à marcher. Dès qu'on le sait, c'est pour toujours.

Si vous ne pratiquer pas ce sport, il est quand même l'un des sports les plus excitants à regarder. La branche française de Radio-Canada, de même que Télé-Métropole et Quatre Saisons la plus récente chaîne de télé au Québec, présentent chaque semaine une partie de hockey à leur réseau. Toutefois, ce n'est qu'au Forum de Montréal et au Colisée de la ville de Québec que l'on peut réellement apprécier la finesse, l'intensité et la vitesse de ce jeu. Les réactions du public se font bruyantes suite à l'exécution réussie ou ratée d'un jeu ou d'une passe. Que dire d'une solide mise en échec? La rivalité qui existe entre les Canadiens de Montréal et les Nordiques de Québec dépasse les frontières. Personne au Québec ne manque ces affrontements. Lors des matchs entre ces deux équipes du Québec, les billets disponibles s'envolent illico. Il y a même surenchère. Cela dépasse les limites de la légalité. C'est une occasion rêvée d'assister à une compétition de qualité, d'encourager son équipe favorite à la victoire, de chahuter contre l'adversaire ou contre l'arbitre. L'arbitre, c'est le souffre-douleur de tous. Après la partie, chacun retourne chez-soi la voix enrouée, satisfait et souriant. Le résultat du match importe peu. C'est maladif! Combien de fois ai-je téléphoné outre-mer pour connaître le résultat d'un match important?

La saison hivernale se vit aussi au foyer familial. Le froid aidant et les journées plus courtes, il faut faire ample provision de liqueurs alcoolisées de toutes sortes. Les longues soirées d'hiver seront un prétexte pour se réunir entre amis autour d'une table bien garnie de vivres et de vins. C'est l'occasion rêvée de se remonter le moral, de rigoler, spécialement lorsque la tempête fait des siennes et que la bourrasque frappe aux fenêtres. Une atmosphère de camaraderie et de cordialité se dégage alors. Il n'est pas difficile d'en expliquer la raison n'est-ce pas?

Au moment où l'hiver ne semble plus finir, après une accumulation de plus de 130 centimètres, l'air se réchauffe subitement et nous annonce l'arrivée prochaine du printemps. Notre horloge biologique se met en marche et nous prépare au changement de la nature qui s'en vient rapidement. Par milliards, des bourgeons vont éclore. Les tulipes se fraient un chemin à travers la toute dernière couche de neige. Les oiseaux contruisent des nids et les oies blanches survolent notre firmament en route pour leur résidence d'été: le Nord.

Ces premiers rayons de soleil du printemps nous réchauffent le coeur et le corps tout entier. Les rigueurs de l'hiver sont maintenant choses du passé. Vive la nouvelle saison! C'est le temps de remiser dans les armoires nos lourds vêtements d'hiver jusqu'à l'automne prochain. Les bottes seront les dernières à partir. Après tout, le printemps c'est le dernier souffle de l'hiver, de sa gadoue, de ses flaques d'eau et de ses glaces fondantes.

Le prix à payer n'est pas trop élevé pour se préparer à l'arrivée de cette chaleur bienfaisante.

La province toute entière change de rythme à l'arrivée du printemps. Pour des milliers de fermiers, c'est la période de l'année où il faut vérifier si la machinerie agricole est en bon état en prévision des prochaines semences. La voie maritime du Saint-Laurent s'ouvre à la navigation. Les étudiants entreprennent le sprint final qui les mènera aux examens de fin d'année. Pour tous, le printemps c'est aussi la saison des sucres, de ces rencontres dans l'une des nombreuses érablières du Québec. C'est le temps de se réjouir entre parents et amis et de faire le plein de ce divin liquide sucré qu'est le sirop d'érable. Il faut en profiter car les pluies acides tuent rapidement nos érables et feront disparaître de notre table ses produits si délicieux.

Pour d'autres et ils sont très nombreux, c'est le début de la saison de baseball, ce merveilleux sport civilisé dont la saison commence en avril pour ne se terminer qu'en octobre. La ville de Montréal est représentée par "LES EXPOS DE MONTRÉAL" dans la division nationale de baseball. Les Québécois adorent le baseball. Les parties de la saison régulière sont toutes radiodiffusées par CKAC, la chaîne de radio la plus écoutée au Québec. De plus, une quarantaine de parties sont aussi télédiffusées sur différentes chaînes. La moyenne d'assistance aux parties locales des Expos de Montréal est l'une des plus élevée de la ligue. A noter que les parties locales se jouent au stade Olympique site officiel des jeux olympiques de 1976.

Bien que le baseball soit un sport américain, les Québécois l'ont adopté d'emblée et en on fait l'un des leurs. D'une manière toute particulière, nous avons apporté une contribution durable à ce sport. Dans un effort louable d'affirmir l'identité culturelle du Québec, des organismes linguistiques financés par le gouvernement québécois, ont francisé les termes techniques du baseball américain. Ils ont même publié un petit lexique dont ils sont très fiers. Le baseball c'est en français que nous le jouons et décrivons.

C'est peut-être parce que le baseball est un sport de plein air que tant de gens de tout âge l'aime? Les Québécois sont en quelque sorte obsédés par le soleil. Nous adorons l'hiver c'est évident. Par contre, nous sommes tout autant friands des chauds rayons du soleil. Dès les premiers signes de l'été, nous nous dévêtons.

Nous nous étendons immobiles afin d'exposer la plus grande partie de notre anatomie permise par la décence aux bienfaisants rayons de cet astre. Lorsqu'il y a pénurie, les Québécois se rendent plus au sud sur les plages de la Nouvelle-Angleterre, des Carolines, de la Floride, du Mexique et du Vénézuéla.

Nous ne nous éloignons que rarement de l'eau. Même au Québec, nous gravitons autour des lacs et des rivières pour y pratiquer la pêche et autres sports aquatiques. Les chalets de ski deviennent alors des chalets d'été. Quoi de plus raffraîchissant après un solide match de tennis ou une excitante ronde de golf qu'une trempette dans le lac ou une heure ou deux de planche à voile? A nouveau, les routes se congestionnent, les planches à voile et les petites embarcations remplacent les skis sur le toit des autos. Mêmes gens et mêmes routes. Seules les saisons et les activités diffèrent.

L'été, c'est aussi le temps de célébrer au grand air. Nous ne sommes vêtus que de l'essentiel. Lorsqu'il fait beau, nous sommes toujours à l'extérieur. Avec nous, nos parents et amis profitent de cette invention si populaire en Amérique du Nord: le barbecue. La bière est à l'honneur, parlant de tout et de rien.

Mais nous sommes rarement seuls. Les Québécois ont besoin de compagnie pour parler, écouter et taquiner. Nous avons trouvé la formule idéale pour ce faire: les festivals. C'est une occasion de réjouissances en groupe. Il en existe des centaines. Chaque petit village a son festival. Nous célébrons le festival du jazz, des bleuets, de l'humour en passant par le cochon, le camping, les pommes de même que le folklore et le théâtre. Certains ont même une renommée internationale comme le festival de l'humour par exemple. Ces rencontres amicales permettent au Québécois de boire, de danser, de manger et de parler.

Beaucoup trop rapidement pour les fervents de l'été, les jours raccourcissent, l'air se raffraîchit. Le soir, les foyers et les poêles à bois sont allumés de plus en plus tôt. Durant les week-ends, les cordes de bois s'empilent près de la porte arrière. Le parachèvement des travaux négligés au cours de l'été doit être fait. Le calfeutrage des fenêtres, le nettoyage des gouttières, l'ajout de couches d'isolant au grenier, l'installation des clôtures à neige autour des buissons pour les protéger contre les rigueurs des tempêtes, tout est vérifié.

L'hiver frappe à nos portes, il est presque là.

La joie de vivre au Québec, c'est aussi en automne que nous la retrouvons. En septembre et octobre, les arbres changent de parure. Ses feuilles jadis vertes sont maintenant rouges, jaunes, oranges et brunes. De partout à travers le monde, les artistes viennent rendre hommage à ces magnifiques coloris afin d'immortaliser cette féérie écarlate. A nouveau, les routes sont envahies mais cette fois par de milliers de curieux. Il y a ceux qui viennent faire leur pélerinage annuel et ceux qui viennent en groupe. Mais la majorité de ces visiteurs sont des Québécois et des Québécoises attirés par la nature sachant très bien que cette randonnée sera la dernière avant la neige. Ils en profiteront pour jeter un dernier regard aux champs et collines avant qu'ils ne se recouvrent d'un froid manteau blanc.

C'est l'hiver! Mais pour les Québécois cela veut dire autre chose que les sports extérieurs ou les bons vins millésimés. C'est aussi le temps de travailler, d'étudier et de prendre soin de la famille. Cette période de l'année est l'une des plus active. Au Québec tout se passe dans les villes. Moi-même ex-montréalais, Montréal aura toujours une place importante et de choix dans mon coeur.

Montréal la grande cité est une ville cosmopolitaine. Près d'un tiers de la population du Québec vit dans cette grande ville insulaire.

Plus de deux millions d'habitants, dont presque la moitié, sont de groupes ethniques différents. Ils contribuent à faire de Montréal une ville où il fait bon vivre. Anglais, Ecossais, Italiens, Grecs, Haïtiens, Vietnamiens et Chinois pour ne mentionner que ceux-ci participent au développement culturel du Québec. L'apport de ces différents groupes ethniques au développement de notre croissance et de notre identité comme peuple est très important. Ils ont apporté avec eux leurs idées, leurs traditions de même qu'une nouvelle cuisine. Plus de 3000 restaurants font la joie des montréalais et de ses visiteurs. Plusieurs ont pour mission de nous faire connaître les plaisirs sans cesse renouvelés d'une cuisine différente et savoureuse. De fait, des rues entières ne sont bordées que de restaurants dont la cuisine traditionnelle et étrangère comble les goûts de tous. Très souvent, le client peut apporter son vin afin de réduire considérablement la note.

Lors d'absences trop prolongées, la nostalgie s'empare de moi. Je ressens alors le besoin de m'y retremper totalement, d'y passer quelques jours. J'ai alors le bonheur de retrouver une partie de mon héritage culturel, de mon passé. Ce n'est qu'à Montréal que l'on peut célébrer la Saint-Jean Baptiste, la fête du Canada et la Saint-André. La Saint-Patrick en mars est aussi une journée de réjouissances. La bière coule à flots. Les mets traditionnels sont alors à l'honneur. Et pourquoi pas?

Montréal, c'est le point de rencontre des langues de l'histoire de l'Amérique du Nord: La langue française et la langue anglaise. Rares sont les endroits dans ce monde où des conversations en langue française et en langue anglaise sont courantes. Je suis toujours épaté de constater que les gens puissent si confortablement et facilement passer d'une langue à l'autre. Né d'une mère anglophone et d'un père francophone, je n'en avais jamais constaté l'importance au cours de ma jeunesse. C'est après avoir quitté Montréal que je m'en suis rendu compte. J'en suis encore émerveillé lorsque dans le métro ou l'autobus j'entends les gens passer d'une langue à l'autre ou de répondre dans sa langue maternelle. C'est unique, c'est montréalais.

Pour le Québec tout entier, le Canada et une bonne partie de l'Amérique du Nord, Montréal est la ville idéale pour faire ses emplettes. La rue Sainte-Catherine et ses imposants magasins à rayons, ses centaines de boutiques spécialisées qui offrent aux gens les dernières nouveautés de la saison est l'artère principale où il faut magasiner. Conscients de l'évolution de la mode, les montréalais profitent du choix et des prix offerts par ces nombreux magasins. Le dimanche les flâneurs et les fervents du lèche-vitrines se retrouvent sur la rue Sainte-Catherine. Sous cette rue, grâce au métro, plus de quinze kilomètres de galeries souterraines la majorité reliées entre elles abritent au-delà de 1000 magasins et boutiques. Ils offrent une variété de marchandises qui comble les goûts et besoins de tous. C'est une façon moderne de résister aux rigueurs de l'hiver.

Au début du siècle dernier, Montréal est devenu le centre du commerce de la fourrure en Amérique du Nord.

C'est encore vrai aujourd'hui. Centre de la mode du Canada, Montréal demeure l'endroit de prédilection pour découvrir un vêtement très rare où se faire tailler un costume à sa mesure. Tout cela dans un style très québécois.

Plus encore, Montréal s'est développée une identité distincte dans plusieurs autres domaines. Dans le domaine du théâtre par exemple. Montréal a vu naître plusieurs troupes innovatrices qui se sont méritées des prix prestigieux sur la scène internationale. La danse et la musique en sont aussi aujourd'hui un témoignage vivant. Qui ne connaît pas Charles Dutoit et l'orchestre symphonique de Montréal? C'est l'un des meilleurs au monde. Comme les Montréalais sont conscients de la culture et habitués à ce qu'il y a de mieux, Montréal est devenue la capitale culturelle du Canada et l'une des villes les plus sécuritaire du monde moderne.

Sans le développement dynamique et rapide des affaires, des finances et de l'industrie, rien n'aurait été possible. Il y a de quoi être fier. Les non-résidants de Montréal vous diront d'eux qu'ils sont vantards et pour être franc, ils n'ont pas complètement tort. Nous avons parfois tendance à croire que Montréal est la seule ville du Québec. Les autres ne sont que de gros villages.

Cette attitude est la cause de bien des frictions spécialement avec les citoyens de la vieille capitale: Québec.

La rivalité proverbiale entre Montréal et Québec date du 17ième siècle. Fondée par Champlain en 1608 trente quatre ans avant Montréal, la ville de Québec était beaucoup plus importante que Montréal jusqu'à la fin du siècle dernier. Ses habitants ne se gênèrent pas pour le faire sentir aux Montréalais d'une manière fort peu diplomatique. Au début de la colonie lorsque Montréal ne commençait qu'à se développer, Québec profitait de son site stratégique au détriment de Montréal. Tous les navires en provenance de la France, même ceux sous l'égide de Montréalais s'arrêtaient à Québec avant de poursuivre leur route. Après une traversée de plusieurs semaines dans des navires à peine plus gros que d'humbles bateaux de pêche, les capitaines et leur équipage faisaient une halte de quelques jours à Québec. Ils retrouvaient alors confort et faisaient bonne bouffe. Malheureusement pour les Montréalais, les marchands de Québec réclamaient les meilleurs produits et les revendaient aux Montréalais avec un profit plus qu'intéressant.

Pour les femmes, c'était plus évident encore. Le roi de France envoyait des navires remplis de femmes, futures épouses pour la population à majorité mâle de la colonie. Quelle faveur! Des historiens ont récemment découvert des échanges de correspondance de l'époque dans lesquels les Montréalais imploraient les Français d'envoyer ces bateaux pleins de femmes directement à Montréal. En effet, les plus jolies disaient-ils s'établissaient à Québec ou à Trois-Rivières. Lorsque les bateaux arrivaient à Montréal, seules restaient les plus laides.

Bien que les Québécoises soient toujours aussi belles, celles de Montréal le sont maintenant tout autant et peut-être même.....? Ne recommençons pas cette polémique. Vous n'avez qu'à vous balader dans les rues de Montréal ou de vous restaurer sur la terrasse de l'un des nombreux cafés de Montréal au cours de la saison estivale pour constater la beauté et la fraîcheur de nos Montréalaises.

La rivalité entre les deux villes est maintenant plus humoristique qu'agressive. Ce sont deux villes absolument merveilleuses! J'ai vécu à Québec pendant dix ans et je peux vous certifier qu'il y fait bon vivre. J'adore toujours cette superbe ville qu'est Québec.

La seule ville fortifiée au nord du Mexique, Québec est une ville beaucoup plus spectaculaire que Montréal. Québec célèbre cette année le 35ième anniversaire de son Carnaval et de son légendaire Bonhomme Carnaval. Ce merveilleux Bonhomme Carnaval entouré de ses sept duchesses transforme la ville de Québec en lieu de réjouissances et de fête. Québec dégage un charme unique avec ses restaurants, ses théâtres et son architecture qui en font un endroit où vivre devient une expérience enrichissante et inoubliable.

Ce qui différencie Québec de Montréal c'est son peuple. Ses coutumes sont distinctes et seulement 500,000 habitants y demeurent. Libre à vous d'avoir la chance d'en juger. Je sais cependant que le peuple de Québec a plus d'élégance, que le rythme de la ville est plus pondéré et qu'il s'y dégage une atmosphère de grande dignité. Plus terre à terre est la population de Montréal.

Quel aveu public de la part d'un Montréalais? Spécialement d'un Montréalais qui lorsqu'il vivait à Québec ressentait régulièrement le besoin de revenir à Montréal question de se remonter le moral. Avais-je été absent trop longtemps? Je sentais le besoin de reprendre contact avec la vie et les gens de cette ville. Je suis un adepte fervent du jogging. Pour le pratiquer, je possède une collection imposante de chandails dont ceux des Canadiens et des Nordiques. Un jour de passage à Montréal par affaires, je decidai de pratiquer mon sport favori au centre-ville portant fièrement le chandail aux couleurs des Nordiques. Les automobilistes s'arrêtaient pour me témoigner leur désaccord. Les camionneurs klaxonnaient et les femmes me lançaient des regards plus que curieux. Un groupe d'adolescents et d'adolescentes me considérait comme un traître. Croyez-moi je n'oublierai jamais cette expérience.

En toute justice je me devais de tenter la même expérience à Québec portant cette fois le chandail aux couleurs des Canadiens. Est-ce que cette deuxième tentative provoquera les mêmes réactions désobligeantes de la part des gens de Québec? Franchement et è mon grand désarroi, il n'y eut aucune résistance de la part des piétons et des automobilistes si ce n'est qu'un hochement de tête occasionnel de dégoût. Toutefois, un groupe d'hommes d'affaires de Montréal m'applaudirent de leur automobile et me félicitèrent en tentant de convaincre les gens de la place de se joindre à eux. L'expérience fut concluante et à ma grande surprise, Québec prit une place encore plus grande dans mon coeur.

Le Québec, ce n'est pas seulement ces deux villes. J'ai vécu dans plusieurs régions les unes plus belles que les autres et je n'ai jamais cessé d'être étonné par le caractère unique de chacune d'elles. Pendant un an nous avons séjourné à Shefferville, petite ville minière située à environ 1700 kilomètres au nord-est de Montréal. C'est par train que nous avons atteint cette ville. Aucune route n'est carossable 650 kilomètres avant destination. Nous y avons apprécié la beauté à l'état pur et sauvage où le silence règne. Nous avons aussi habité les Laurentides, coin de pays féérique s'il en est un. Qui d'entre nous ne pourrait aimer un paysage de carte postale changeant quotidiennement? Quatre ans en Estrie m'ont convaincu que j'avais découvert l'endroit rêvé pour vivre dès l'arrivée de ma retraite.

J'ai voyagé partout au Québec. A chaque occasion, j'ai découvert quelque chose de nouveau, de différent, de québécois. Les escarpements de Charlevoix, les paysages grandioses de la Gaspésie, la Beauce et ses beaucerons dont l'accent particulier nous invite à revenir. Au Saguenay-Lac Saint-Jean j'y ai aussi découvert un petit pays en soi dont les paysages ne se retrouvent qu'au cinéma. Que dire de plus de ses habitants si hospitaliers? Des gens surnommés affectueusement "les bleuets" par les autres québécois. Le bleuet est une petite baie bleue que l'on retrouve en abondance dans cette région. Les gens de la place fabrique un vin qui risque de dédoubler votre vision si vous en buvez un peu trop. Ce vin est maintenant commercialisé par une firme jeannoise, une firme du Lac Saint-Jean.

Une grande histoire d'amour existe entre le Québec et moi.

Il me reste encore quelques coins du Québec à découvrir. Sous peu, j'aimerais explorer la Côte Nord en profondeur. Il est encore possible de ressentir dans cette région ce que les premiers colons ont ressenti. Je veux aussi retourner à la baie de James endroit où le Québec est à terminer la construction du plus gros réseau de barrages hydro-électriques du monde. Ce réseau assurera notre indépendance économique et une qualité de vie dans un environnement non nucléaire pour les prochaines décennies. Lorsque le projet sera complété, la superficie totale des terres et de l'eau sous la juridiction de l'Hydro-Québec, sera équivalente à la superficie totale de l'Angleterre. Impressionnant n'est-ce pas? Toute une réussite pour un petit peuple de six millions et demi d'habitants!

Le projet de la baie de James est devenu un symbole pour le Québec, une preuve concrète que nous atteindrons le vingt-et-unième siècle. Il y a maintenant vingt-cinq ans que nous nous sommes donnés cet immense défi d'une envergure telle que peu de peuples auraient pu réussir. L'histoire le prouve fort bien. Tout un défi pour quelques six millions et demi de gens entourés par 275 millions d'anglophones! Pendant deux siècles, nous avons réussi à sauvegarder notre langue, notre culture et notre héritage. La devise du Québec "JE ME SOUVIENS", résume fort bien ce processus complexe qui exige que nous rappellions le passé pour mieux préparer le futur.

C'est vers la fin des années 50 que nous avons réalisé que nous devions former une entité très active dans ce monde moderne afin que notre culture puisse y survivre.

Il nous fallait montrer au reste du monde que nous pouvions sortir du marasme qui retardait notre évolution. Nous devions prendre en main le contrôle de notre économie, moderniser la province toute entière, rentabiliser notre système scolaire pour que nos enfants deviennent des éléments à part entière de notre nouvelle société. Ce fut "LA REVOLUTION TRANQUILLE" qui marqua les années 60. En moins de temps qu'il ne faut pour le dire, nous nous sommes donnés les outils nécessaires à la transformation de notre société afin de pouvoir compétitionner avec le reste du monde.

Des objectifs nouveaux furent fixés. Nous voulions conserver notre héritage culturel: notre belle langue de chez-nous. Nous désirions aussi devenir un peuple très actif au sein des sociétés canadiennes, américaines et de toutes les autres sociétés du monde entier. Nous n'acceptions pas de mener une existence de musée portant ceintures fléchées et giguant à la musique d'un violonneux. Peut-être au cours des week-ends question de garder la forme mais sans plus. Durant la semaine, nous nous occupions à développer notre industrie aéronautique, notre réseau de transport, notre système bancaire et autres projets comme la baie de James.

J'ai vécu cette ère nouvelle. Ce fut l'expérience des années 60 au Québec. Chaque nation a vécu cette époque à sa manière. Nous, nous en avons profité pour refaire notre société. Il est difficile d'exprimer par des écrits ces changements profonds.

Même notre langue s'est transformée. Notre français n'est plus cette langue archaïque anglicisée comme je l'ai apprise durant mon enfance peu après la deuxième guerre mondiale. Nos pères et nos mères nous ont convaincus que pour vivre pleinement ce 20ième siècle, de la nécessité pour notre langue d'évoluer. Nous avons donc appris un français nouveau maladroitement au début. Ce fut l'une des périodes les plus exhaltantes de ma vie.

Aujourd'hui, le français que nous parlons est encore et sera pour toujours très québécois. Il est le fidèle reflet du monde et du mode de vie que nous avons choisis. Plusieurs de nos mots ou expressions diffèrent du français parlé en France, spécialement ceux que nous avons empruntés aux Amérindiens ou aux Anglais. Nous avons même inventé un nouveau vocabulaire pour le baseball, une discipline sportive américaine. Sans difficultés, nous comprenons parfaitement nos cousins français. Il en est de même pour les quelque quarante autres peuples francophones du monde. Le vocabulaire est presque semblable, le rythme et les accents diffèrent. Comme tout le reste notre langue a une saveur québécoise particulière.

En tant que Québécois et Québécoises, l'avenir nous appartient. Nous vivons dans le plus beau pays de monde, nous possédons une abondance et une richesse de ressources qui font l'envie de tous. Nous avons tout pour survivre, réussir et croître. Personne n'en doute aujourd'hui.

Les Québécois sont un peuple chanceux. La chance ne sourit-elle pas aux audacieux?

The Gatineau Hills (this and previous pages), part of the ancient Canadian Shield, are set in the timbered wilderness of Gatineau Park. The Gatineau River courses the park, traversing the surrounds (overleaf) of Chelsea, and running on through the district (facing page) of La Pêche, or Wakefield, where it is spanned by an 88-metre-long covered wooden bridge. The lumber floating in its waters follows a traditional logging route down to the Ottawa River.

Les collines de Gatineau, parties intégrantes du Bouclier canadien, (cette page et les précédentes) sillonnent la forêt de la Gatineau. La rivière Gatineau traverse le parc et les environs de Chelsea (page suivante) et le village de La Pêche (Wakefield). Un pont couvert de 88 mètres relie les rives. On pratique encore la drave et le bois suit le cours de la rivière jusqu'à la rivière Ottawa.

Moated by the beauty of Gatineau Park (above and overleaf), Kingsmere, the estate of Mackenzie King, tenth Prime Minister of Canada, comprises the Cloisters (facing page bottom) – part of which is a bay window from the home of Quebec premier Simon-Napoléon Parent – and reassembled walls from London's Houses of Parliament, bombed in 1941. Louis-Joseph Papineau, whose home (facing page top) in Montebello is now a museum, was the leader of Lower Canada's 1837 revolt against British rule.

Niché dans le parc de la Gatineau à Kingsmere, (ci-dessus et page suivante) Moorside, domaine de Mackenzie King le dixième premier ministre du Canada, fut érigé à l'aide de vestiges d'un mur du parlement de Londres bombardé en 1941 et d'une fenêtre en saillie provenant de la maison de Simon Napoléon Parent, premier ministre du Québec. Louis-Joseph Papineau dont la maison a été transformée en musée, (en haut de la page opposée) fut le meneur de la révolte de 1837 opposant le Bas-Canada contre le régime britannique.

The Laurentians (these pages and overleaf), part of the Precambrian Canadian Shield covering most of the province, are laced with waterways, rivers (above) and lakes, such as inky-blue Lac Tremblant (facing page top) and Lac Rond (facing page bottom) at Sainte-Adèle, which provide endless facilities for water-sport enthusiasts. The Sainte-Adèle writers' and artists' colony is a tribute to the area's great natural beauty, and its theater contributes to the famed night-life of the Laurentians.

La région des Laurentides (ces pages et la suivante) fait partie du Bouclier canadien datant de l'ère précambrienne. Elle s'étend à travers la majeure partie du Québec et est sillonnée de rivières (ci-dessus), de ruisseaux et de lacs comme le lac Tremblant (haut de la page opposée) aux eaux d'un bleu étincelant et du lac Rond à Sainte-Adèle (au bas de la page opposée), propices à la pratique des différents sports aquatiques. Sainte-Adèle avec sa colonie artistique et ses écrivains, rend hommage à la splendeur du paysage et son théâtre contribue à la popularité de la vie nocturne.

From the 967-metre-high summit (left) of Mont Tremblant (these pages) one gazes down at the Laurentians from their highest point, over a wonderland where the low winter sun twinkles on the ice and enthusiastic skiers dot the slopes around Gray Rocks Resort (top).

Du sommet du Mont-Tremblant (à gauche et ces pages-ci), la plus haute cime des Laurentides, on aperçoit le soleil qui scintille sur la glace et des skieurs enthousiastes qui pratiquent leur sport favori sur les pentes du centre de villégiature de Gray Rocks (ci-dessus).

Winter sports take over Lac Tremblant (above) with the ice, and Mont Tremblant Ski Resort (these pages) is a blur of colourful skiers taking advantage of one of North America's best-equipped resorts. Quebec receives an average of 130 inches of snow on its slopes each year between October and April, making the province a skiers' paradise.

La surface glacée du lac Tremblant (ci-dessus), se prête admirablement bien à la pratique des sports d'hiver. Les pentes de la station de ski Mont-Tremblant (ces pages-ci), offrent des facilités parmi les meilleures en Amérique du Nord et font la joie de milliers d'adeptes. Le Québec, dont l'accumulation de neige moyenne est de 130 centimètres, est un paradis pour les skieurs.

Looking out over bustling Montreal from Mount Royal Park (above), which is the site of the Mount Royal Cemetery (top), you can see the city (overleaf) spread out, with its 8,670-foot-long, cantilever Jacques Cartier Bridge (facing page bottom) strung across the St. Lawrence River. The Molson Brewery (facing page top), founded in 1786, is Canada's oldest brewery in continuous operation.

Du parc Mont-Royal (ci-dessus), site du cimetière Mont-Royal (au haut de la page), on aperçoit l'attrayante ville de Montréal (page suivante) et le pont Jacques-Cartier long de 2628 mètres (au bas de la page opposée) qui relie la Rive-Sud à l'île de Montréal. La brasserie Molson (au haut de la page opposée), fondée en 1786 est la plus vieille brasserie au Canada et est toujours en opérations.

Against the plate glass of Montreal's business quarter flutter the flags (above) of Quebec and Canada. Facing page top: the balcony of the Hôtel de Ville, from which de Gaulle made his famous "Vive le Québec libre" speech. Neighbouring Nelson Column, honouring the famous British Admiral, was built in 1809, and so predates London's similar monument by thirty-four years. Strangely, it faces neither into the square, nor towards the river. Facing page bottom: Montreal seen from St. Helen's Island.

Les drapeaux du Québec et du Canada (ci-dessus), ornent les façades vitrées du quartier des affaires de Montréal. L'hôtel de ville de Montréal (au haut de la page opposée) dont le balcon fut le site d'où le général De Gaulle lança son désormais célèbre "Vive le Québec libre". A la gauche de l'hôtel de ville la colonne de Nelson en hommage au célèbre amiral britannique fut érigée en 1809, précédant de trente-quatre ans celle de Londres. Fait étrange, elle ne fait face ni à la place Jacques-Cartier, ni au fleuve. Montréal vue de l'île Sainte-Hélène (au bas de la page opposée).

Paul de Chomedey, Sieur de Maisonneuve, commemorated (above) in the Place d'Armes, was sent from France on a sacred mission to build a Christian city in a pagan land. He founded Montreal. Notre-Dame church (above and facing page top), and St. Joseph's Oratory (facing page bottom and overleaf) vindicate his faith. Indeed, Brother André, who caused the Oratory to be built, defied the depression years by placing a statue of St. Joseph in the then roofless church, saying "If he wants a roof over his head he'll get it."

Paul de Chomedey, sieur de Maisonneuve dont la statue est érigée à la Place d'Armes (ci-dessus), quitta la France avec pour mission d'évangéliser ces païens. Il fonda Ville-Marie en 1642 maintenant Montréal. L'Eglise Notre-Dame (ci-dessus et au haut de la page suivante) et l'oratoire Saint-Joseph (au bas de la page opposée) nous rappellent le souvenir de sa foi. Le frère André, artisan de la construction de l'Oratoire, défia la période de la Dépression en érigeant une statue de Saint-Joseph dans l'église encore ouverte en déclarant: "S'il veut un toit sur sa tête, il l'aura".

The Olympic Stadium (facing page), a giant concrete mollusc finally completed eleven years after the 1976 games at huge cost, is also known as the "Big O", or the "Big Owe". In winter, its infield becomes a skating rink (facing page bottom). Marathons (top) make an extended running track of Montreal's streets. Amusements on St. Helen's Island (above) cover the grounds of World Fair Expo 67, for which the fan-like French and tiered British pavillions (overleaf) were built. They are now part of the annual exhibition, "Man and His World".

Le stade Olympique (page opposée) gigantesque structure de béton, fut complété plus de onze ans après les Jeux de 1976 à un coût exhorbitant. Le Forum de Montréal, amphithéâtre où "LES CANADIENS DE MONTREAL" jouent leurs parties locales (au bas de la page opposée). Des milliers de marathoniens parcourent les rues de Montréal lors du marathon international de Montréal (ci-dessus). Sur l'emplacement d'Expo 67 se retrouvent toujours la Ronde, parc d'amusement très populaire, et les anciens pavillons de la France et de la Grande-Bretagne. Ces deux pavillons contribuent au succès de "TERRE DES HOMMES".

Montreal is a vibrant city, thriving at the foot of its extinct volcano, Mount Royal. The street markets (these pages) display tiers of vividly coloured vegetables and intricate knick-knacks. Overleaf: the view over McGill University across the city towards the Upper Harbour of the St. Lawrence River. The harbour is glimpsed behind I.M. Pei's remarkable Place Ville-Marie, an extensive shopping centre dominated by the forty-five-storey, cruciform Royal Bank Tower.

Montréal est une ville vibrante construite au pied d'un volcan éteint: Le Mont-Royal. Les marchés publics (ces pages-ci) offrent une variété infinie de légumes frais et des bagatelles par milliers. Surplombant l'université McGill (page suivante), une vue partielle de la ville, de son port et du Saint-Laurent. On peut apercevoir la port derrière la célèbre Place Ville-Marie, vaste méandre de boutiques et de magasins dominés par la tour cruciforme de la Banque Royale et ses quarante-cinq étages.

Montrealers are apparently so proud of their city that the walls of St. Catherine Street are painted with its image (facing page top), and outdoor cafés, such as Café Rue Sherbrooke (top), seem designed to allow people to gaze at leisure on attractions like the ivory-coloured iron trelliswork of balconies (above) in the Papineau Quarter. Of course, when the city is frosted with snow (overleaf), the centrally-heated enticements of the Complèxe Desjardins (facing page bottom) might prevail.

Les Montréalais sont si fiers de leur ville qu'ils en peignent des paysages sur des murs de la rue Sainte-Catherine (au haut de la page suivante) et des cafés-terrasses tel le Café rue Sherbrooke. Les maisons du quartier Papineau en été conçues pour permettre aux visiteurs d'admirer la beauté et le style des balcons en fer forgé (ci-dessus). Lorsque la ville est recouverte de neige (page suivante), les galeries intérieurs du Complexe Desjardins offrent un oasis irrésistible (au bas de la page suivante).

The land around the Eastern Townships, for example the area of Saint Denis (facing page top) or Saxby Corner (overleaf), where autumn trees form an arch of ochre and copper, is furrowed with rivers and waterways. The Yamaska River, reflecting morning's gold (facing page bottom), courses through this territory from Lac St-Pierre, and runs on across the Bromont area (above).

L'Estrie, région où les arbres en automne se revêtent de vives couleurs cuivrées est sillonnée de rivières comme dans la région de Saint-Denis (au haut de la page opposée) ou de Saxby-Corner (page suivante). La rivière Yamaska et son teint doré (au bas de la page opposée) prend sa source dans le lac Saint-Pierre et traverse la région de Bromont (ci-dessus).

Quebec's Eastern Townships, inhabited by immigrant New Englanders, were further populated by Loyalists in flight after the American War of Independence. The name arose to distinguish these towns from those west of Montreal, which are now in Ontario. The region is also known, understandably, as the "Garden of Quebec" and is famous for its dairy and livestock farms, such as those in the Iron Hill area (these pages) flanking the Iron Hill Road (this page and facing page bottom), and at Knowlton Landing (overleaf).

L'Estrie fut fondée par des Loyalistes en fuite après la guerre de l'Indépendance américaine. La région fut nommée "EASTERN TOWNSHIPS" pour la différencier des régions à l'ouest de Montréal maintenant une région de l'Ontario. L'Estrie est aussi reconnue comme "LE JARDIN DU QUEBEC" et est célèbre pour ses fermes laitières et d'élevage comme celles que l'on retrouve dans la région d'Iron-Hill (ces pages-ci) bordant la route d'Iron-Hill, (cette page et au bas de la page opposée) de même que la région de Knowlton-Landing (page suivante).

The landscape of Quebec's Eastern Township region in fall is variegated with rusts and rose-golds. Dairy land in the Vallée Bleue (top) and off the Iron Hill Road (above) is darned with autumn colour, and the woods (overleaf) around Iron Hill are like quivers full of rustling, golden shafts. Facing page top: a sugar shack near Mont Shefford is set in a cavern of autumn copper, and (bottom) seasonal mists roll atmospherically over Farnham Glen.

A l'automne, l'Estrie s'enveloppe de riches coloris d'or et de rouille. Les régions laitières de Vallée-Bleue (au haut de la page) et de la route d'Iron-Hill (ci-dessus) en sont un témoignage vivant. Les rayons de lumière ocres et dorés font frémir les bois d'Iron-Hill. Une cabane à sucre (au haut de la page opposée) du mont Shefford se niche au fond d'une enclave cuivrée et une bruine saisonnière recouvre la vallée de Farnham (au bas de la page).

La Mauricie National Park (these pages) was created in 1970, and incorporates Quebec's Laurentian Highlands, which are riddled with lakes and rivers. Lac en Croix Brook (above) shows an unfettered wildness, whereas Lac Edouard (facing page bottom) presents the tamer face of La Mauricie where boats (facing page top) or windsurfboards can be safely accommodated.

Le parc national de la Mauricie (ces pages-ci) fondé en 1970 regorge de lacs et rivières. Il est la porte d'entrée vers les hautes terres laurentiennes. Le ruisseau du lac en Croix (ci-dessus) traverse une région d'un état sauvage pur tandis que le lac Edouard (au bas de la page suivante) présente le côté plus domestiqué de la Mauricie où les plaisanciers (au haut de la page opposée) et les véliplanchistes pratiquent allégrement leur sport favori.

La Mauricie National Park (these pages) was created in 1970, and incorporates Quebec's Laurentian Highlands, which are riddled with lakes and rivers. Lac en Croix Brook (above) shows an unfettered wildness, whereas Lac Edouard (facing page bottom) presents the tamer face of La Mauricie where boats (facing page top) or windsurfboards can be safely accommodated.

Le parc national de la Mauricie (ces pages-ci) fondé en 1970 regorge de lacs et rivières. Il est la porte d'entrée vers les hautes terres laurentiennes. Le ruisseau du lac en Croix (ci-dessus) traverse une région d'un état sauvage pur tandis que le lac Edouard (au bas de la page suivante) présente le côté plus domestiqué de la Mauricie où les plaisanciers (au haut de la page opposée) et les véliplanchistes pratiquent allégrement leur sport favori.

Canoeing (top) and many other watersports draw enthusiasts from all over Canada to La Mauricie National Park (these pages). However, for those who prefer not to surf or sail or get into the water in any way, La Mauricie's lakeland beauty offers great visual relaxation. Its 154 lakes, such as Lac à la Pêche (above), and innumerable waterways (facing page) are a refreshing sight for tired city eyes.

Le parc national de la Mauricie attire les adeptes du canotage et autres sports aquatiques (au haut de la page) de tout le Canada. La beauté spectaculaire de ses lacs provoque aussi l'admiration des amants de la nature. Ses 154 lacs dont le lac A La Pêche (ci-dessus) et ses innombrables rivières et ruisseaux (page opposée) offrent un splendide spectacle, véritable baume pour les yeux fatigués des citadins.

Appropriately, Quebec province's motto is *Je me souviens*, "I remember", and the air of turreted, French-Renaissance grandeur in the walled city of Quebec, the earliest stronghold of French culture in North America, gives it a wistful poise. The copper-roofed Château Frontenac (facing page bottom), and the Parliament Buildings (facing page top) standing across from the Champlain monument (above) to Quebec's founder, recall the words of Rupert Brooke, "Is there any city in the world that stands so nobly as Quebec?".

A elle seule la ville de Québec justifie la devise de la province "JE ME SOUVIENS" grâce à la noblesse de sa ville fortifiée de style renaissance française. Elle est le berceau et le château fort de la culture française en Amérique. Les édifices du Parlement (au haut de la page opposée) et le Château Frontenac avec ses toits de cuivre (au bas de la page opposée), voisin de la statue de Champlain, le fondateur de Québec, confirment les paroles de Rupert Brook "Existe-t-il une seule ville au monde à l'allure aussi noble que Québec?".

These pages: the 1892 Château Frontenac, seen from the Champlain Boulevard (overleaf), on its promontory over the St. Lawrence. The Château is a palatial hotel built on the original site of Samuel de Champlain's Fort St. Louis, which was his residence as governor. It looks out over the wall, and over the cliffs on which Quebec's Upper Town rests. These were scaled in a daring action by the British, under General Wolfe, in 1759. Both Wolfe and the renowned French general, Montcalm, died in the ensuing battle.

Le Château Frontenac (ces pages-ci), vu du boulevard Champlain (page suivante), siégeant sur son promontoire surplombant le Saint-Laurent. C'est un palace qui fut érigé sur le site du Château Saint-Louis construit en 1647 comme résidence des gouverneurs de la Nouvelle-France. Le Château Frontenac domine les murs et surplombe la falaise au haut de laquelle est construite la Haute-Ville de Québec. Cette falaise fut escaladée audacieusement par les troupes britanniques du général Wolfe en 1759. Les deux généraux ennemis, Wolfe et Montcalm, périrent lors de la célèbre bataille des plaines d'Abraham.

Old Quebec (these pages) has withstood many a seige, but those of "General January", as Nicholas I of Russia called winter, and the onslaught of modern industry (overleaf) are harder to resist. The signs of an old fortress town are everywhere. Throughout the 18th century the French and British were almost continuously at war, and Quebec was in daily danger of attack. Residual fortifications, and the sheer wall girdling the Upper Town are Quebec's visible heritage from a stormy past.

Le Vieux-Québec (ces pages-ci) résista à plusieurs attaques mais la plus difficile fut de repousser celle du "Général Janvier", surnom que donna Nicolas 1er à l'hiver et l'envahissement des industries modernes (page suivante). Québec présente toujours l'aspect d'une ville fortifiée. Au 18ième siècle, elle fut constamment menacée, la France et l'Angleterre étant en guerre. Les vestiges des fortifications et le mur ceinturant la vieille ville sont les témoins de ce passé agité.

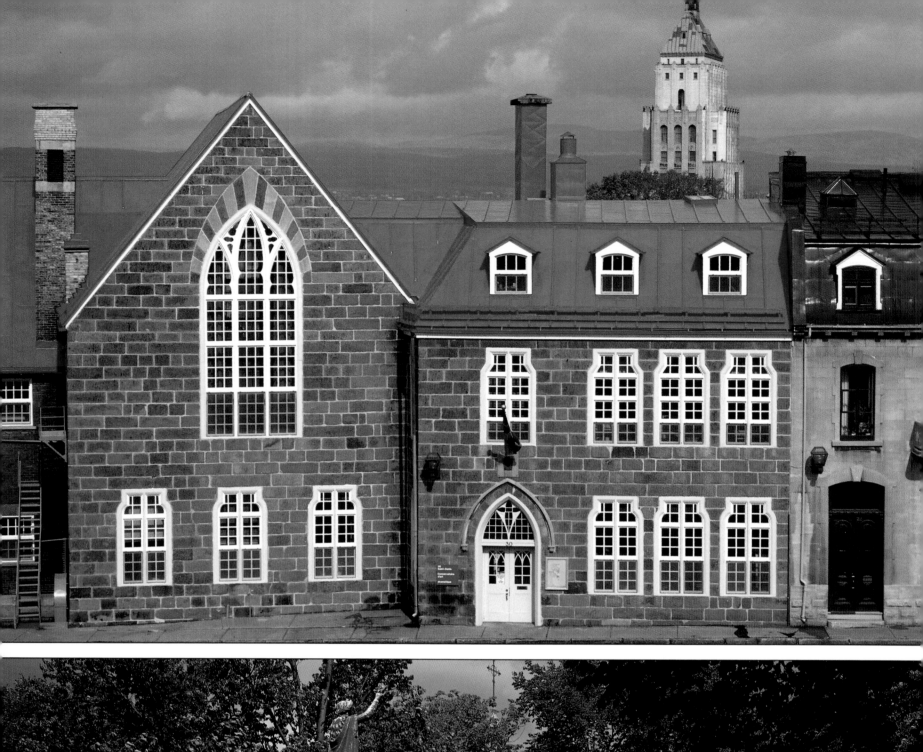

"The impression made upon the visitor by this Gibraltar of North America: its giddy heights; its citadel suspended, as it were, in the air, its picturesque streets and frowning gateways; and the splendid views which burst upon the eye at every turn: is at once unique and everlasting" – words as true of Quebec (these pages and overleaf) today as when spoken by Charles Dickens in 1842. When viewed from certain vantage points, such as that of the Rue Sous le Fort (overleaf), the city could almost still be set in 1842.

Déjà en 1842 Charles Dickens vantait le charme de Québec et son témoignage demure toujours vrai "L'impression que laisse sur ses visiteurs ce Gibraltar de l'Amérique du Nord par ses hauteurs étourdissantes, sa citadelle suspendue, ses rues pittoresques et ses panoramas remarquables à chaque virage est unique". Certains quartiers tel celui de la rue Sous-le-Fort (page suivante) appartiennent toujours au 19ième siècle.

Up until 1870, British troops garrisoned the Citadel. Now a Quebec regiment, the Royal 22nd, known informally as the "Van Doos" – "les Vingt Deux" – defend it, and the guard is changed (these pages) ceremoniously every day at ten o'clock in the morning during the summer months. It is the only completely French-speaking regiment in the Canadian Army and has its headquarters in the Citadel fortress, which was constructed, ironically enough, on the orders of the Duke of Wellington.

Jusqu'en 1870, les troupes britanniques étaient en garnison à la Citadelle. Elle est maintenant protégée par un régiment canadien-français, le Royal 22ième Régiment, familièrement connu sous le sobriquet de "Vingt-Deuxième". L'été, c'est à dix heures qu'a lieu la cérémonie de la relève de la garde. Il est le seul régiment entièrement francophone de l'armée canadienne et son quartier général est la Citadelle. Ironiquement, c'est le Duc de Wellington qui en ordonna la construction.

Instead of being bowed down under the weight of a Quebec winter, in February the Québécois erupt into life during the ten-day Quebec Winter Carnival (these pages). The city's population is doubled by visitors during these pre-Lent festivities, which centre around the ice palace (facing page bottom). Its illuminated, fairy-story style does not seem at all out of place amid the intricate architecture of Quebec (above and overleaf) or, indeed, among the astonishing ice sculptures surrounding it.

Au lieu de demurer écrasés sous le poids des rigueurs de l'hiver, les Québécois célèbrent pendant dix jours en février lors du Carnaval de Québec (ces pages-ci). Les visiteurs se joignent à la population pour en doubler le nombre pendant cette période de festivités d'avant Carême. Le Palais des Neiges est le centre d'attraction de ces festivités (au bas de la page opposée). Cette imposante structure que l'on croirait sortie d'un conte de fée se marie parfaitement à l'architecture complexe de Québec (ci-dessus et page suivante). Il en est de même pour les étonnantes sculptures de neige tout autour.

The warmth and life of Quebec city is nowhere more clearly visible than in its street markets (these pages), where the displays of flowers, fruit and vegetables splash colour in bouquets and baskets over the trestle tables.

Les marchés publics de Québec (ces pages-ci) avec leur grande variété de fleurs, de fruits et de légumes aux couleurs vives placés dans des paniers sur des tables à tréteaux, sont la confirmation de la joie de vivre et de la cordialité de la ville de Québec.

Quebec city (these pages) is an explorers' paradise. Its vibrant colours and narrow streets beckon to one from the past and draw visitors further into their elegant world with every turn. It has been described as a city made for leisurely walking, and its continental terrace cafés and numerous restaurants assure the wanderer of frequent refreshment. French-style baking (facing page top) and European café life are all part of the charm of Quebec, a city which still cherishes the aspect and atmosphere of old France.

La ville de Québec (ces pages-ci) est le paradis des explorateurs. Les couleurs vibrantes et ses rues étroites rappellent aux visiteurs le passé et les invitent dans un monde d'élégance. La ville a été décrite comme le paradis de la promenade et des loisirs avec ses nombreux restaurants et cafés-terrasses qui offrent aux flaneurs des oasis. Les boulangeries françaises (au haut de la page opposée) et les cafés au style européen contribuent au charme de Québec, une ville ressemblant à la vieille France.

Streets lined with artists' work (top) are perhaps one of Quebec's legacies from France. The pavement life of its streets is not even diminished by winter. For example, in St. Louis Street (above), the cheerful face of Bonhomme Carnaval presides over the famous Quebec Winter Carnival. The Rue Petit Champlain (facing page) is always hung with decorative shop signs; wrought-iron balconies and lanterns overhang the street, and potted Christmas trees by doorways give it a strong sense of neighbourhood.

L'héritage français se retrouve dans les rues bordées d'oeuvres d'artistes (au haut de la page). La circulation dans les rues est à peine perturbée par les rigueurs de l'hiver. Le Bonhomme Carnaval, sur la rue St-Louis (ci-dessus), symbole souriant du Carnaval d'hiver de Québec en préside les festivités. Des enseignes décoratives ornent les boutiques de la rue Petit Champlain (page opposée), les balcons de fer forgé et les luminaires surplombent la rue et les sapins de Noël près des portes reflètent l'esprit d'amitié qui y règne.

In the middle of the Place d'Armes, which was a military parade ground during the period of French rule, stands a monument to the Faith (above). The Hôtel du Parlement (facing page), seat of Quebec province's National Assembly, was begun in 1881 to an elaborate French Renaissance design by Eugène-E. Taché. Within niches in the façade of its courtly Louis XIII exterior stand bronze statues of significant figures in Québécois history, the work of Louis-Philippe Hébert, the great French-Canadian sculptor.

Au centre de la Place D'Armes, lieu de parades militaires sous le régime français, s'élève le monument à la Foi (ci-dessus). D'un style renaissance française l'hôtel du Parlement, dont la construction débuta en 1881 selon les plans d'Eugène Taché, est le siège de l'Assemblée nationale du Québec. Les niches de sa façade, de style Louis XIII, abritent des statues de bronze de personnages importants de l'histoire du Québec. Elles sont l'oeuvre du grand sculpteur québécois Louis-Philippe Hébert.

Quebec city, despite its obvious zest (overleaf) for today, is the oldest city in Canada, founded by Samuel de Champlain in 1608. In a city which has survived six sieges and where ancient houses and churches huddle within a fortified wall, there is much to preserve by way of traditional dress (facing page) and architecture. For example, in the Lower Town, the Maison Chevalier (above), built in 1752 for the wealthy merchant Jean-Baptiste Chevalier, now houses a beautiful museum collection of French-Canadian furniture.

Québec, malgré son enthousiasme pour le présent (page suivante), est la plus ancienne ville du Canada et fut fondée par Samuel de Champlain en 1608. Dans une ville ayant survécu à six sièges où à l'intérieur des murs s'entassent des maisons et églises anciennes, le port des costumes traditionnels (page opposée) et la conservation du patrimoine sont choses toutes naturelles. La Maison Chevalier par exemple (ci-dessus), située dans la Basse-Ville et construite en 1752 par un riche commerçant Jean-Baptiste Chevalier, a été transformée en un superbe musée de mobiliers canadien-français.

The St. Lawrence River, spanned by Quebec's two famous bridges (facing page bottom), the Quebec Bridge and Pierre Laporte Bridge, affords the city much in the way of water sport facilities and marinas (this page). However, Quebec caters for most tastes in leisure activities, including golf (facing page top).

Les rives du fleuve Saint-Laurent sont jointes par deux ponts célèbres (au bas de la page opposée), le pont de Québec et le pont Pierre Laporte, dont les marinas (cette page-ci) offrent toutes les facilités modernes aux plaisanciers. Toutefois, Québec comble tous les goûts des amateurs de loisirs et de sports incluant le golf (au haut de la page opposée).

Just before its confluence with the St. Lawrence, the
Montmorency River drops over eighty-three metres at
Montmorency Falls (facing page top), making these falls
actually higher than Niagara's. In winter, its spray freezes to
form a remarkable "sugarloaf" block of ice and snow (top),
providing tobogganers with a perfect slope. Skiers (above), of
course, require greater height. Facing page bottom: the
Moulin de St-Laurent on the Isle d'Orléans, opposite the
Montmorency Falls.

Les chutes Montmorency (au haut de la page opposée) situées
au confluent de la rivière du même nom et du fleuve Saint-
Laurent dévalent d'une hauteur de 83 mètres, soit plus d'une
fois et demie celle des chutes Niagara. L'hiver, la rivière au
pied des chutes gèle et forme "le pain de sucre" formé de glace
et de neige (au haut de la page) fait la joie des amateurs de
toboggan. Les skieurs (ci-dessus) cherchent une élévation
plus haute, le moulin Saint-Laurent en face des chutes
Montmorency (au bas de la page opposée).

The topography of Quebec helps to make skiing extremely popular as many first-rate ski sites are very close to Quebec city. The Stoneham Resort (facing page), in the Stoneham Ski Area, is just beyond Charlesbourg, a very short distance from the city. Even Mont Ste-Anne is only a day's excursion by car from Quebec city, and its summit (above), 875 metres high, is ideal for downhill skiing.

La topographie de Québec favorise la pratique du ski et plusieurs centres sont situés à proximité de la ville. Le centre de villégiature Stoneham dont la station porte le même nom, est situé à peine au-delà de Charlesbourg, à très courte distance de Québec. Même le célèbre mont Saint-Anne n'est qu'à 45 minutes du centre-ville. Son sommet (ci-dessus) qui s'élève à 875 mètres en fait un centre idéal et recherché pour le ski alpin.

These pages: Charlevoix County on the north shore of the St. Lawrence. Les Éboulements (above) are named for landslides occurring after the 1663 earthquake, which was so severe that a mountain on the bank became an island in the St. Lawrence River. The setting of Baie-Sainte-Paul (top) between two promontories at the mouth of the Gouffre River, makes the landscape around it (facing page bottom) very popular with artists. St-Joseph-de-la-Rive (facing page top) is also a riverside community.

Le comté de Charlevoix sur la rive nord du Saint-Laurent (ces pages-ci). Les Eboulements, (ci-dessus) est ainsi nommée suite aux glissements de terrain consécutifs au tremblement de terre de 1663. Il fut si violent qu'une montagne se détacha de la rive pour former une île dans le Saint-Laurent. Baie St-Paul (au haut de la page) à l'embouchure de la rivière Gouffre, offre un paysage (au bas de la page opposée) qui la rend favorisée auprès des artistes. St-Joseph-de-la-Rive (au haut de la page opposée) est aussi un village riverain.

On the banks of the St. Lawrence River, St-Joseph-de-la-Rive (facing page) nestles amid trees and the waterways making their way to the big river. The Moulin River (above) flows into the Saguenay River at the point, between Chicoutimi and the St. Lawrence, where it is really a fjord cloven deep into the continent during the last ice age.

Sur les rives du Saint-Laurent, St-Joseph-de-la-Rive (page opposée) se blottie entre les arbres et les ruisseaux en se frayant un chemin jusqu'au fleuve. La rivière Moulin (ci-dessus) se jette dans le Saguenay entre Chicoutimi et le Saint-Laurent. De fait, la rivière est un fjord creusé profondément au coeur du continent depuis l'ère glaciaire.

Tadoussac, clustering around its harbour (right), is where Jacques Cartier stopped in 1535 on his way up the St. Lawrence, and where Pierre Chauvin established a permanent trading post in 1600. When the Hotel Tadoussac (top) was being built in 1941, the foundations of Chauvin's fortified house were discovered. The name Tadoussac comes from the Indian word for "breasts", describing the hilly terrain surrounding such villages (above).

Tadoussac, regroupée autour de son port (à droite) est la ville où s'arrêta Jacques Cartier lorsqu'il remonta le fleuve en 1535. Pierre Chauvin y installa un poste de traite en 1600. Ces fondations furent découvertes sur le site de la construction de l'hôtel Tadoussac (au haut de la page) en 1941. Tadoussac tire son nom d'un mot indien signifiant "sein", décrivant les collines entourant le village (ci-dessus).

On the south side of the St. Lawrence River, not far from the border with New Brunswick, lie the scenic towns of St-Eusèbe (facing page bottom), and its environs (top), Notre-Dame-du-Lac (above) and the land around Dégelis (facing page top) and Packington (overleaf), where pale roads bisect gently undulating hills and expanses of parti-coloured forest.

Sur la rive sud du Saint-Laurent, près de la frontière du Nouveau-Brunswick, nichent les villages superbes de St-Eusèbe (au bas de la page opposée) et ses environs (au haut de la page), et Notre-Dame-du-Lac (ci-dessus). La contrée voisinant Dégelis (au haut de la page opposée) et Packington (page suivante) dont les chemins de gravier entrecoupent les collines et les forêts.

119

The landscape south of the St. Lawrence River (facing page bottom), leading onto the Gaspé Peninsula, presents the tamer, more agricultural face of Quebec province around St-Octave-de-Métis (top and overleaf), and Padoue (above). Where the St. Lawrence becomes wider, lighthouses such as the Petit Métis lighthouse (facing page top) provide navigational guides.

Le paysage de la péninsule de Gaspé, partie du littoral sud du Saint-Laurent représente l'aspect le plus agricole du Québec (au bas de la page opposée). Les villages de St-Octave-de-Métis (au haut de la page suivante) et Padoue (ci-dessus) en sont un exemple. Des phares comme celui de Petit Métis (au haut de la page suivante) guident les navires à l'embouchure du Saint-Laurent.

The lighthouse at Pointe-des-Monts (facing page) overlooks the rugged, northeast coast of the Gaspé Peninsula from the south bank of the St. Lawrence River. The Gaspé Peninsula, named from the Micmac Indian word *gaspeg*, meaning "the end of the earth", lies where the St. Lawrence flows through the Détroit d'Honguedo into the Gulf of St. Lawrence. The lighthouse on Rivière-la-Madeleine (top) sweeps its beam out over the water, pinpointing land. Above: Madeleine Village.

Sur la rive sud du Saint-Laurent, le phare de Pointe-des-Monts (page opposée) surplombe la côte nord accidentée de la péninsule de Gaspé. Les aborigènes de la péninsule de Gaspé l'appelait "Gaspeg", ce qui signifiait "tout au bout". Elle s'avance dans le Saint-Laurent, là où le détroit d'Honguedo s'élargit jusqu'au golfe Saint-Laurent. Le phare de Rivière-Madeleine (au haut de la page) projette ses rayons de lumière sur les flots, en direction de la terre ferme. Vue du village de Rivière-Madeleine (ci-dessus).

The sheer, limestone cliffs of Cap Gaspé (below and right) in Forillon National Park (these pages) have been formed by constant tidal action. The mysterious presence of hardy alpine flora on these cliffs has not yet been explained by botanists. Bottom: the La Chute trail in Forillon National Park.

Formées de roches calcaires et friables, la mer a sculpté les falaises du cap Gaspé (ci-dessous et à droite). La présence mystérieuse d'une végétation sur ces falaises n'a pu encore être expliquée par les botanistes. Vous voyez (au bas de la page) le sentier La Chute dans le parc Forillon.

Forillon National Park (these pages) on the Gaspé Peninsula is renowned for its forested beauty, burnished and reddened by autumn.

Le parc national Forillon (ces pages-ci), situé dans la péninsule de Gaspé, est renommé pour la splendeur de ses paysages à l'automne.

Saint-Joachim-de-Tourelle (facing page top) on the Gaspé Peninsula (top, facing page bottom and overleaf), a fishing and agricultural community since 1916, was almost destroyed by a landslide in 1963. About 50,000 gannets have their home on Bonaventure Island (above), a famous bird sanctuary which also shelters many other species of seabird. Usually spiralled in wheeling, diving, feeding birds, it lies only five kilometres away from Percé Rock and the cliffs of Mont Joli (facing page bottom).

St-Joachim de Tourelle, village agricole et de pêche (ces pages-ci), fut fondé en 1916. Il a été partiellement détruit par un glissement de terrain en 1963. Chaque année, plus de 50,000 fous de Bassan nidifient sur l'île Bonaventure (ci-dessus), sanctuaire national de plusieurs espèces d'oiseaux de mer. A seulement cinq kilomètres du Rocher Percé et du Mont Joli (au bas de la page suivante), la faune ailée aquatique virevolte, plane et tournoie autour de l'île.

PAUL OUELLET
TUÉ LE 22 JUIN 1944
EN NORMANDIE
ÂGÉ DE 26 ANS

Facing page bottom: Port Daniel on the south shore of the
Gaspé Peninsula. Since Jacques Cartier landed at Gaspé in
1534, monuments have been erected there, none more moving
than that of Paul Ouellet (above). The rose-gold limestone of
Percé Rock (facing page top and overleaf), the culmination of
the Peninsula's beauty, stands off Mont Joli at the end of a
sandbank. Centuries ago the rock had three arches, then two.
Today only one remains; one of the former arches became a
separate block known as the Obelisk.

Le village de Port-Daniel (au bas de la page opposée) est situé
au fond d'une baie sur la rive sud de la péninsule de Gaspé.
Depuis la venue de Jacques Cartier à Gaspé, en 1534,
plusieurs monuments ont été érigés mais aucun n'est aussi
émouvant que celui de Paul Ouellet (ci-dessus). Le Rocher
Percé (au haut de la page opposée), point culminant de la
splendeur de la péninsule, formé de roches silicieuses aux
teintes roses veinées de blanc, se dresse à la base du Mont-
Joli au bout d'un banc de galets. L'obélisque, partie détachée
du rocher, formait autrefois le pilier d'une seconde arche.

The Magdalen Islands (these pages, overleaf and following page), lying 150 miles southeast of the Gaspé Peninsula, are actually closer to Cape Breton and Prince Edward Island than to Gaspé. About twelve islands form this archipelago which stretches for approximately sixty miles, trailing off into rocky outcrops enclosing picturesque lagoons. Ever since Jacques Cartier landed there in 1534 and wrote enthusiastically of their windswept beauty, these islands have been attracting visitors. Most of the inhabitants, called Madelinots, are descended from Acadians fleeing deportation or Scots forced to leave their native land to make way for profitable sheep farms.

L'archipel des îles de la Madeleine (ces pages-ci et page suivante), situé à 290 kilomètres de la péninsule de Gaspé, est en fait plus proche du Cap Breton et de l'île de Prince-Edouard que de Gaspé. Il se compose d'une douzaine d'iles et s'étend sur environ 100 kilomètres pour se terminer par des récifs formant de pittoresques lagons. Depuis que Jacques Cartier s'arrêta aux Iles de la Madeleine en 1534 et fit une une description enthousiaste de ses beautés enchantresses, les visiteurs n'ont cessé d'y affluer. Les Madelinots, ses habitants, descendent en majorité d'Acadiens fuyant la déportation et d'Ecossais à la recherche de fermes d'élevage.